VILLE DE SABLÉ

DROITS DE PLACES

ET

DE STATIONNEMENT

TARIFS

SABLÉ

Imprimerie-Librairie Vᵉ CHOISNET. — 1876.

DROITS DE PLACES

ET

DE STATIONNEMENT

DROITS

DE

1° Place, Etalage, Pesage, Mesurage et Jaugeage ;

2° Sur la Marchandise vive ;

3° Sur les Voitures et Charrettes en stationnement sur la voie publique.

CAHIER DE CHARGES

Cahier de charges dressé pour parvenir à l'adjudication des droits à percevoir dans la ville de Sablé :

1° Pour l'Etalage, Pesage, Mesurage et Jaugeage, ainsi que les droits de Location des places sous la Halle, sur les places, marchés et dans les rues; et sur le pesage par la BASCULE PUBLIQUE.

2° Sur la Marchandise vive.

3° Sur les Voitures et Charrettes stationnant sur la voie publique.

ARTICLE PREMIER

La durée du bail sera de trois années qui commenceront le premier janvier mil huit cent soixante-dix-sept, pour finir au trente-un décembre mil huit cent soixante-dix-neuf.

ARTICLE 2

Le bail comprendra :

1° Les droits à percevoir sur le pesage, le mesurage et le jaugeage, ainsi que sur la location de places sous la Halle, sur les marchés, sur les places publiques et dans les rues désignées par le Maire pour des échoppes, bancs, tables, civières, brancards, loges, voitures de colporteurs et baraques établies pour

attirer la curiosité publique et dans les magasins du minage.

2° Ceux à percevoir pour le pesage à la bascule publique.

3° Les droits de perception sur la marchandise vive.

4° Enfin ceux à percevoir sur les voitures et charrettes stationnant sur la voie publique.

Les jardiniers et marchands de légumes et de poisson *de la commune*, pourront vendre leurs marchandises dans la ville sans être astreints à payer aucun droit, mais seulement en roulant leurs civières, sans pouvoir stationner dans les rues et sur les places, et les jours autres que ceux de foires et de marchés.

L'adjudicataire demeurera responsable des détériorations de toute nature faites à la voie publique, par l'établissement et le stationnement des bancs, échoppes, étals, voitures, loges ou baraques; les réparations à faire pour mettre les lieux dans leur état primitif, devront être faites aux frais de l'adjudicataire et à la première réquisition de l'Autorité municipale sur les *indications de l'Architecte-Voyer de la ville*.

ARTICLE 3

Une bascule publique sera établie à partir du premier janvier prochain dans l'endroit qui sera désigné par l'Administration municipale.

Cette bascule sera fournie et installée par l'adjudicataire aux conditions suivantes, mais elle devra être au préalable agréée par le Maire.

ARTICLE 4

L'amortissement du prix de son acquisition se fera en neuf annuités égales, c'est-à-dire qu'au 31 décembre 1879, époque de l'expiration du bail, il sera déduit un tiers de ce prix pour l'usure de la bascule, laquelle devra être livrée en bon état, et la ville tiendra compte au fermier sortant, et ce dans les trois mois qui suivront la cessation du bail, des deux autres tiers seulement, et ce sans intérêt.

ARTICLE 5

Pour la perception des droits de pesage, mesurage et jaugeage, l'adjudicataire devra se conformer à l'arrêté préfectoral du 22 nivôse, an XIII, modifié par un autre arrêté, en date du 27 septembre 1837 et par une délibération du Conseil municipal, en date du 24 novembre 1871, dont copie lui sera remise à ses frais s'il est nécessaire.

ARTICLE 6

Les droits à percevoir pour l'emplacement qu'occupent ou sont censés occuper les animaux mis en vente sur les foires et marchés, résultent du Tarif voté par le Conseil municipal dans sa délibération du 24 novembre 1871, approuvé par M. le Préfet le 10 février 1872.

ARTICLE 7

Ceux à percevoir pour le pesage à la bascule publique résultent du Tarif voté par le Conseil municipal dans sa délibération de ce jour 19 octobre 1876, soumise en même temps que le présent, à l'approbation de M. le Préfet.

TARIFS

DROITS DE PLACE, ÉTALAGE, PESAGE, MESURAGE, JAUGEAGE

CHAPITRE Ier

PESAGE

Pour la marchandise vivante, par 50 kilogrammes, *vingt centimes* .... » 20

Pour cette même marchandise, au-dessus de 50 kilogrammes, et par fraction de 25 kilogrammes, *dix centimes* » 10

Pour toute autre marchandise et par 50 kilogrammes, *dix centimes* .... » 10

Au-dessus de 50 kilogrammes et par fraction de 25 kilogrammes, *cinq centimes* .... » 05

Le pesage au minage ne pourra excéder la force de la bascule qui existe actuellement.

BASCULE PUBLIQUE

1° Voitures chargées de 3,000 kilogrammes et au-dessus, *poids brut*, poids de la voiture compris avec pesage de la voiture vide au retour, *un franc vingt-cinq centimes* 1 25

2° Voitures chargées au-dessous de 3,000 kilogrammes *poids brut*, y compris le poids de la voiture et le pesage de la voiture vide au retour, *soixante-quinze centimes*.. » 75

3° Une voiture vide, *vingt-cinq centimes*.......... » 25

4° Bœuf, vache, cheval, âne et mulet, par tête, *cinquante*

centimes .... » 50

5° Veau, porc, mouton et chèvre, par tête, *vingt-cinq*
centimes .... » 25

Les autres petits objets continueront à être pesés par les balances ou bascules du minage.

CHAPITRE III

MESURAGE

Par hectolitre *dix centimes* .... » 10
Par cinquième d'hectolitre, *deux centimes*.......... » 02
Par stère, *dix centimes* .... » 10
Toute mesure au mètre, le mètre, *un centime*........ » 01

CHAPITRE IV

JAUGEAGE

La velte ou le décalitre, *un centime* .... » 01

L'adjudicataire ne pourra exiger une plus forte somme que celle portée aux Tarifs ci-dessus, à peine de tous dépens, dommages-intérêts, et même de résiliation avec dépens.

CHAPITRE V

DROITS DE PLACES & ÉTALAGE

1° Sous la Halle, par mètre carré, par jour, *trente centimes* .... » 30

2° Sur la place du marché, par sac de grains, froment, seigle, méteil, orge, avoine, sarrasin, marrons ou châtaignes, vesceron, noix, fruits secs et graine de trèfle, pommes et pommes de terre, par jour, *cinq centimes*... » 05

Soit par mètre carré, *vingt centimes*, chaque sac étant consé occuper *vingt-cinq centièmes de mètre carré* (délibération du 22 novembre 1864).

3° Par sac de grains ou autre marchandise, par semaine, *sous la Halle*, mais sans responsabilité du placier, *dix centimes* » 10

4° Pour cette même marchandise renfermée au minage, par sac et par semaine, en raison de la responsabilité du placier, *quinze centimes*.................... » 15

5° Graines de trèfle, colza, ou autres marchandises qui se livrent sous la Halle, sans être pesées ni mesurées, *par semaine et par sac*, mais sans responsabilité du placier, *quinze centimes*.. » 15

6° Pour ces mêmes produits renfermés au minage, *par sac et par semaine*, en raison de la responsabilité du placier, *vingt centimes* .... » 20

La semaine s'entend d'un marché au commencement du marché suivant. En conséquence, pour tout dépôt fait entre deux marchés, le droit sera dû intégralement.

7° Baraques de saltimbanques, de curiosités et spectacles quelconques, par mètre carré et par jour, savoir :

1° Les jours de marchés, de lundi et de foire, *dix centimes* .... » 10

2° Et tous les autres jours, *cinq centimes* .... » 05

8° Bancs, tables, loges, échoppes et tous autres, contenant seulement des objets d'alimentation (VIVRES) par mètre carré et par jour, *vingt centimes* .... » 20

Les sucreries, gâteaux et bonbons, ne sont pas considérés dans ce cas, comme objets d'alimentation.

9° Bancs, tables, échoppes, loges, voitures de colporteurs, en un mot tout ce qui contient ou renferme un étalage autre que les objets alimentaires compris dans le paragraphe ci-dessus, savoir :

1° Les jours de foires et de marchés, par mètre carré et par jour, *trente centimes* .... » 30

2° Les autres jours, par mètre carré et par jour, *vingt centimes* .... » 20

10° Volailles (non compris les oies), fruits et autres denrées alimentaires, contenus dans des paniers, par mètre carré et par jour, *cinq centimes* .... » 05

Chaque panier étant censé occuper un mètre carré.

Cet article n'est pas applicable aux jardiniers qui exposent habituellement leurs marchandises sur des civières qui sont censées occuper deux mètres carrés, et qui, par conséquent, paieront *dix centimes* .... » 10

11° Chaque oie exposée en vente paiera *cinq centimes*, étant censée occuper vingt-cinq centièmes de mètre carré.

Soit par mètre carré *vingt centimes*, chaque oie étant censée occuper vingt-cinq centièmes de mètre carré. ... » 05

12° Plants divers, épines ou arbres, plants de choux, etc., par mètre carré *vingt centimes* .... » 20

13° Les voitures chargées de pommes et de pommes de terre, même réapprovisionnées, ne devront qu'un seul droit, à la condition que ces voitures ou charrettes stationneront sur les divers marchés destinés à la vente de ces marchandises, étant censées occuper cinq mètres, *un franc* . . . . 1 »

Dans de semblables conditions le droit de stationnement ne sera pas exigible.

ARTICLE 8

Le Maire pourra, quand bon lui semblera, mettre à la disposition de chaque commerçant, un espace de trente centimètres au-devant de sa boutique ou de son magasin, pour l'étalage des marchandises de son commerce; mais à la condition de payer, pour chaque jour de foire ou de marché, du lundi, *dix centimes* par mètre linéaire, et les autres jours, également par mètre linéaire, *cinq centimes.*

Cet étalage ne sera pas autorisé dans une longueur de un mètre à l'angle de chaque rue.

MARCHANDISE VIVE

1re catégorie

Bœufs, taureaux, bouvards, vaches, génisses, chevaux ou juments, poulains, mules, mulets, ânes et ânesses, *par tête*, occupant ou étant censée occuper deux mètres de terrain, *vingt-cinq centimes* . . . . » 25

2e catégorie

Veaux de lait ou de boucherie et porcs, *par tête*, occupant ou étant censée occuper un mètre cinquante centimètres de terrain, *quinze centimes*. . . . . » 15

3e catégorie

Moutons, brebis, agneaux, boucs et chèvres, *par tête*, occupant ou étant censée occuper un mètre de terrain, *dix centimes*   » 10

4e catégorie

Porcs de lait, *par tête, dix centimes*. . . . . » 10

Les porcs de lait doivent être renfermés dans des paniers ou des voitures qui, pour ce cas spécial, *et tant qu'ils stationnent sur le marché aux porcs*, ne sont pas assujettis au droit de stationnement.

DROITS DE STATIONNEMENT SUR LES VOITURES & CHARRETTES

Il sera perçu pour les voitures et charrettes déposées et stationnant sur la voie publique un droit de *deux centimes* par mètre, soit pour chaque voiture ou charrette, suivant le maximum d'emplacement qu'elle est censée occuper, *dix centimes.*   » 10

CONDITIONS & CHARGES IMPOSÉES

ARTICLE 9

Toute fraction de mètre ou de mesure sera considérée comme unité.

ARTICLE 10

Tous les objets qui ne peuvent, par leur nature, être consommés de suite, ne sont pas considérés comme denrées alimentaires. Entrent cependant dans cette catégorie les plants de salades et de céléris seulement, mais non ceux de choux.

ARTICLE 11

Le droit de cinq centimes formant l'objet du § 10 du chapitre 5 du Tarif ci-dessus sera également dû par les personnes qui stationnent avec des marchandises exposées en vente, lors même qu'elles tiendraient ces marchandises ou les paniers qui les contiendraient au bras.

ARTICLE 12

Lorsque le même étalage comprendra des produits tarifés d'une manière différente, le droit le plus élevé sera appliqué sur la totalité.

ARTICLE 13

L'espace loué par abonnement aux meuniers sous la Halle, ne comprendra qu'un espace de 1 mètre 50 centimètres de profondeur au plus. Les marchandises excédant seront soumises, suivant leur nature, au droit à percevoir suivant le Tarif ci-dessus.

ARTICLE 14

Les animaux et produits agricoles exposés le jour du Comice, ne seront soumis à aucun droit d'étalage.

Il en sera de même pour les machines et instruments d'agriculture. Les exposants seront exemptés de la taxe dès la veille jusqu'au lendemain de l'exposition.

ARTICLE 15

L'adjudicataire ne pourra jamais, sans une autorisation spéciale du Maire, disposer des places destinées au commerce des bestiaux, les jours de foires et de marchés. Il devra laisser constamment libres les emplacements destinés à l'exposition et à la vente des céréales, fruits, légumes et plants. Il ne pourra non plus louer des emplacements dans les rues et places, qu'aux endroits qui lui sont spécialement désignés par l'Administration municipale, qui aura toujours le droit de changer ou interdire ces emplacements, suivant qu'elle le jugera convenable.

Au surplus, des poteaux seront placés pour indiquer la nature et l'étendue de ces divers marchés. L'adjudicataire devra se soumettre, et prêter la main au besoin, à l'exécution des arrêtés que pourra prendre l'Administration pour la réglementation des marchés.

ARTICLE 16

L'adjudicataire ne pourra disposer ni des trottoirs établis au-devant des magasins, boutiques et maisons quelconques, ni d'un emplacement de un mètre de largeur au-devant des maisons qui ne sont pas pourvues d'un trottoir. Il ne devra non plus, sous aucun prétexte, embarrasser les trottoirs des ponts, et laisser au tournant de ces ponts l'espace nécessaire pour la sécurité des piétons, c'est-à-dire au moins quatre mètres.

ARTICLE 17

Le mesurage des grains et de toutes autres denrées susceptibles d'être mesurées, aura lieu d'après les tarifs ci-dessus établis, et les règlements particuliers que pourra faire l'Autorité municipale sur le vu des arrêtés du Gouvernement.

Chaque personne peut mesurer sa marchandise, mais nul autre que l'adjudicataire, n'a le droit de peser et mesurer pour autrui sur les places et sur la voie publique.

ARTICLE 18

En ce qui concerne le minage, l'adjudicataire devra tenir un registre à souches, dont il détachera et remettra un reçu aux déposants des objets remis par eux ; un numéro d'ordre correspondant à ce registre sera appliqué sur chaque sac ou objet confié. La remise de ce reçu au placier lui vaudra décharge.

ARTICLE 19

Un registre à souches visé et paraphé par le Maire sera également tenu par le gérant de la bascule publique, et un récépissé constatant le poids et la somme reçue, sera délivré à chaque personne.

Ce registre qui sera exactement tenu, sera arrêté par le fermier et soumis à la fin de chaque mois à la vérification et à la signature du Maire ou de son délégué.

Article 20

Les magasins du minage feront partie du bail, ils se compose--
ront d'un appartement au rez-de-chaussée, sous la Halle, et d'un
autre appartement au-dessus, s'exploitant par une échelle de
meunier.

Néanmoins l'Administration se réserve le droit si elle le juge
convenable, et cela sans indemnité au profit de l'adjudicataire,
d'user de l'appartement occupé actuellement par les cuviers.

La Halle ne devra jamais renfermer que des grains, graines et
farines ; elle ne pourra servir de lieux de dépôt à d'autres objets
et marchandises.

Elle devra être balayée au moins deux fois par semaine, et les
murs et planchers nettoyés chaque fois que l'Administration l'or-
donnera, et au moins quatre fois par an, le tout aux frais et
risques de l'adjudicataire.

Est interdit de la manière la plus formelle le nettoyage des
grains et graines sous la Halle et dans les magasins du minage.

L'espace compris entre les piliers du milieu et conduisant à
l'escalier de la Mairie, devra être laissé constamment libre ; les
bancs et étals des marchands devront être rangés très-soigneuse-
ment le long des murs, et ne pas encombrer la Halle.

Article 21

L'adjudicataire se fournira de cuviers, doubles-décalitres,
balances et autres ustensiles nécessaires pour le mesurage, le
pesage et le jaugeage ; il sera chargé en outre, de tous les frais
relatifs à leur entretien et renouvellement, et soumis à la vérification annuelle des poids et mesures ; il paiera les contributions
directes.

Article 22

Il sera donné reconnaissance des poids remis à l'adjudicataire
pour le pesage, ainsi que de l'état du fléau, des bascules, balances, cordages ou chaînes, au surplus. l'adjudicataire sera tenu de
remettre en bon état tous les objets qui lui auront été confiés,
ainsi que les pièces du minage.

Article 23

L'adjudicataire se pourvoira pour le service de la Halle et des
places, des ustensiles, planches et bancs nécessaires aux marchands revendeurs, mais il est bien entendu que la location de
ces objets n'est point comprise dans le droit à percevoir, énoncé
dans le Tarif.

Article 24

. L'adjudicataire devra établir à ses frais, sur la place du marché aux denrées, des bancs en suffisante quantité et agréés par l'Administration pour que tous les vendeurs puissent être assis.

Il ne sera dû aucun droit de place pour l'occupation de ces bancs.

Il devra aussi les faire ranger sur la place et ramasser à ses frais, chaque jour de marché dans le lieu à ce destiné fourni par l'Administration municipale.

Article 25

Le matériel et les ustensiles appartenant au fermier sortant lui servant pour la gestion des droits de place, ainsi que le kiosque servant à la vente des journaux, devront, si celui-ci l'exige, être repris par l'adjudicataire, à dire d'experts, et le prix en sera payé comptant, c'est-à-dire au moment de son entrée en jouissance.

Article 26

La perception se fera avec tous les égards dûs aux propriétaires ou conducteurs de bestiaux.

Article 27

L'adjudicataire ne pourra employer aucun instrument ni aucune substance qui seraient de nature à nuire à la vente des bestiaux.

Les propriétaires ou conducteurs de bestiaux qui auront l'intention de faire sortir de suite leurs bestiaux de la ville, soit pour les conduire dans une autre commune, soit pour les livrer à la gare, s'ils sont vendus avant leur entrée en ville, devront justifier de leur intention par un passe-debout délivré par l'Octroi au bureau d'entrée et remis au bureau de sortie. Mais, si dans de semblables conditions, ces animaux séjournent sur les places ou sur la voie publique, le droit de stationnement sera dû au placier.

Article 28

L'adjudicataire sera tenu de marquer tous les bestiaux au fur et à mesure de la perception du droit, sauf pour ce qui est dit à l'article précédent, sans tenir compte des observations des exposants ou marchands. Le défaut de marque pouvant exposer les propriétaires ou conducteurs à payer deux fois.

Article 29

Ne sont pas considérées comme déposées et stationnant les voitures en chargement et déchargement, même attelées.

- 13 -

Article 30

Les voitures des colporteurs, opérateurs, dentistes, celles dites de curiosités, déposées dans les rues, places ou marchés, ne seront point soumises au droit de stationnement. Il en sera de même pour celles contenant des pommes, pommes de terre, cochons de lait, lorsque ces dernières occuperont la place qui leur est assignée pour la mise en vente de leur contenu.

Les droits dûs à raison de ces diverses voitures ou charrettes seront perçus par l'adjudicataire des droits d'étalage, dans les conditions de son bail.

Article 31

Conformément à l'arrêté municipal du 2 mai 1860, les gares pour les dépôts des voitures et charrettes seront établies comme suit :

Le milieu du champ de foire, de manière à laisser libre la partie traversée par la route départementale, n° 5, les rues du Pont-d'Erve et du Centre-des-Terres.

Les voitures devront être rangées avec soin par l'adjudicataire ou ses employés à la suite l'une de l'autre, les brancards dirigés du même côté, de manière à n'occuper le moins de place possible et à laisser libre la circulation. Mais elles ne pourront jamais, dans tous les cas, être placées sur les trottoirs.

Article 32

L'adjudicataire pourra traiter de gré à gré ou par voie d'abonnement avec les propriétaires des voitures et charrettes, ou les aubergistes et logeurs.

Mais les voitures rangées le long des auberges et hôtels ne pourront l'être que d'un seul côté, sur un seul rang, du consentement des propriétaires riverains et de manière à ne pas masquer l'habitation et obstruer les issues.

L'Administration se réserve le droit de révoquer cette permission donnée exceptionnellement aux aubergistes et logeurs, dans le cas d'abus ou d'embarras pour la circulation publique.

Article 33

L'adjudicataire ne pourra prétendre à aucune indemnité dans le cas où la durée de son bail serait interrompue par force majeure ou par tous arrêtés ou règlements émanant de l'Autorité supérieure ou pour toute autre cause indépendante de la volonté de l'Administration municipale.

S'il arrivait que l'adjudicataire commit des erreurs graves dans son mode de perception, le Maire pourrait faire résilier le bail, après en avoir référé auprès de l'Administration supérieure et en avoir obtenu l'autorisation. Cette résiliation aurait lieu un mois après un simple avertissement donné par acte extrajudiciaire et aux frais de l'adjudicataire.

Article 34

Il ne pourra transiger avec les parties en contravention sans l'intervention du Maire, auquel il devra en être référé pour forme de conciliation, sauf à l'adjudicataire, à défaut de conciliation, à se pourvoir devant les tribunaux à ses risques et périls et sans aucun recours contre la ville.

Article 35

Il sera tenu de se conformer à toutes les mesures de police qui seront prises par l'Administration qui se réserve notamment le droit de changer les emplacements destinés aux dépôts des voitures.

Article 36

L'adjudicataire fournira, au besoin pour caution, un immeuble net d'hypothèque, ou une personne solvable pour caution solidaire, acceptée par l'Administration et le Receveur municipal.

A défaut de cautionnement ou d'hypothèque, l'adjudicataire pourra déposer, *comme garantie*, entre les mains du Receveur municipal, *deux trimestres* de son prix de fermage, et ce, avant son entrée en jouissance. Ce dépôt, qui ne produira aucun intérêt, ne pourra être restitué qu'en paiement des deux derniers termes de son adjudication.

Il pourra encore déposer, *comme garantie*, un titre de rentes sur l'État Français dont le capital devra être égal au moins au quart du prix d'une année d'adjudication.

Article 37

Le prix annuel d'adjudication sera payé par trimestre et d'avance entre les mains et sur les quittances du Receveur municipal.

Article 38

L'adjudicataire paiera aussitôt l'adjudication prononcée à son profit, et entre les mains du Secrétaire de la Mairie, tous les frais de cette adjudication, ceux de timbre, d'enregistrement, d'affiches, insertions, publications et trois copies tant du présent cahier de charges que du procès-verbal d'adjudication, dont deux pour le Receveur municipal, et une pour le Commissaire de Police.

ARTICLE 39

L'adjudicataire n'emploiera pour la perception de tous les droits susétablis, et à remplir les devoirs qui lui seront imposés, que des hommes sobres, d'une probité et d'une moralité reconnues; ils devront tous être agréés par l'Administration. Il devra pourvoir de suite au remplacement de ceux qui se conduiraient mal dans l'exercice de leur emploi ou qui donneraient lieu à des réclamations.

Il sera tenu avant d'entrer en fonctions de prêter serment devant Monsieur le Juge-de-Paix du canton de Sablé, pour remplir bien fidèlement ses devoirs; il sera également obligé de se trouver tous les jours de marchés aux grains, sur la place, à l'heure qui lui sera indiquée, pour faire mettre par rangs les sacs à mesure qu'ils arriveront, et dans les endroits désignés par l'Autorité.

Chaque percepteur devra être porteur d'une copie certifiée par le Maire, des Tarifs, et de la représenter sur la demande de tout réclamant; cet exemplaire lui servira de Commission.

ARTICLE 40

L'adjudication aura lieu aux enchères où ne seront admis que ceux qui seront jugés par le Maire et le Bureau, d'une moralité et d'une solvabilité reconnues; elle ne sera définitive que sur la déclaration du Maire, et après l'approbation de Monsieur le Préfet.

ARTICLE 41

Si, par un acte du Gouvernement, le pesage venait à être substitué au mesurage de certaines marchandises et notamment des céréales, pendant le cours du bail, la résiliation en aurait lieu de plein droit le jour où le nouveau mode serait obligatoire.

ARTICLE 42

L'adjudicataire ne pourra sous-affermer tout ou partie des droits qui lui seront adjugés, sans le consentement exprès et par écrit du Maire, à peine de tous dépens, dommages-intérêts. Dans tous les cas, l'adjudicataire demeurera responsable et solidaire de son sous-fermier.

ARTICLE 43

L'adjudication ne sera définitive qu'après avoir été revêtue de l'approbation préfectorale.

ARTICLE 44

Pour l'exécution du présent, le domicile de l'adjudicataire sera élu de plein droit par le seul fait de l'adjudication, à la Mairie de Sablé.

Fait à l'Hôtel-de-Ville de Sablé, le dix-neuf Octobre 1876.

L'Adjoint faisant fonctions de Maire,

MICHEL-VIELLE.

NOTA. Le cahier de charges a été approuvé par M. le Préfet du département de la Sarthe, le 8 Novembre 1876.

www.ingramcontent.com/pod-product-compliance
Lightning Source LLC
Chambersburg PA
CBHW051317050726
47595CB00008B/3594